_____의 여행 앨범

컬러링북

색칠하며 떠나는
독도 여행

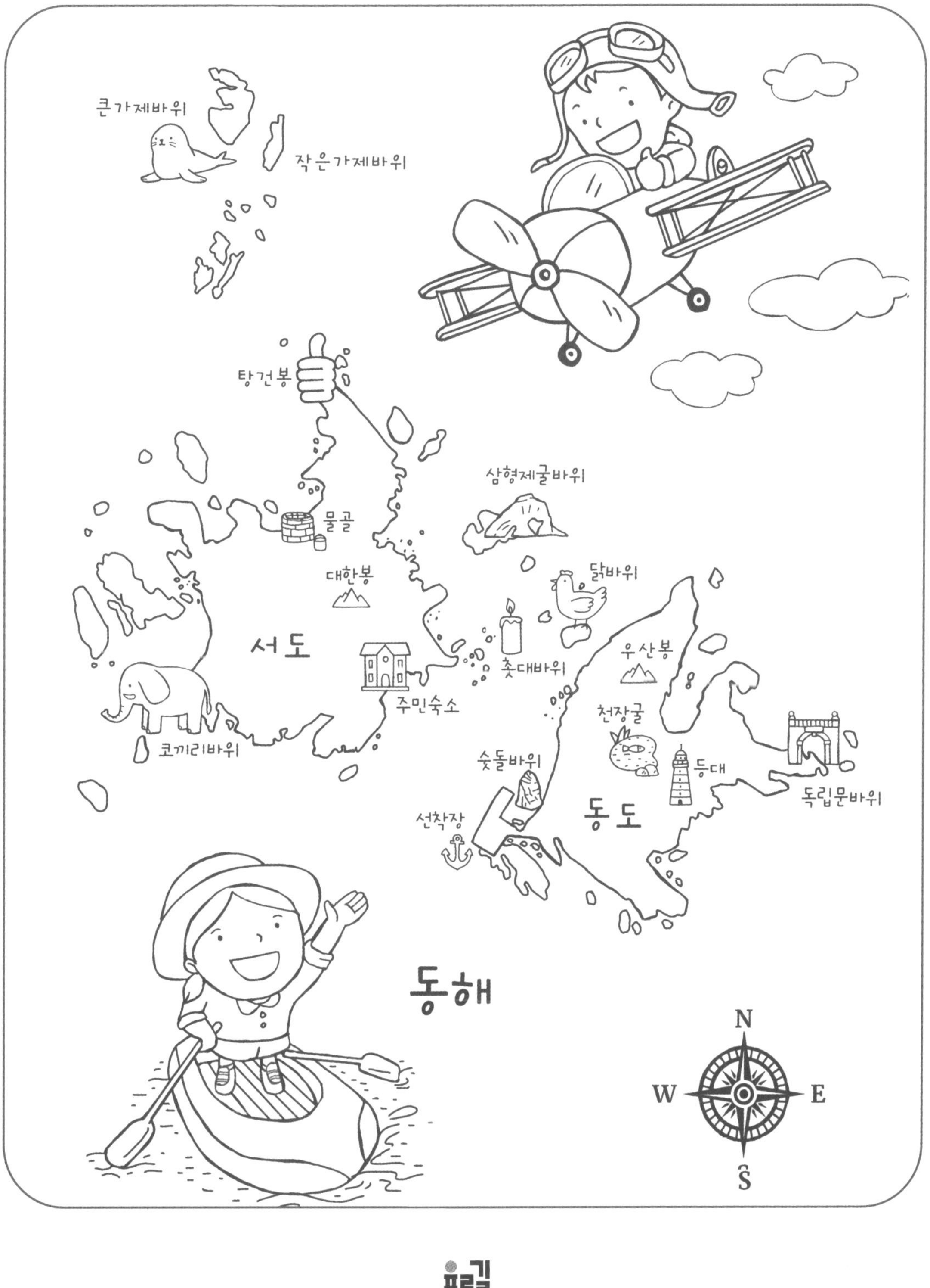

푸른길

동해 깊은 바닷속에서 약 460만~250만 년 전에 화산 폭발로 만들어진 화산섬 독도는 우리나라 국토에서 가장 동쪽에 있어 해가 가장 먼저 뜨는 곳입니다.
행정 구역상 경상북도 울릉군 울릉읍에 속하며, 수리상 위치는 북위 37도, 동경 132도입니다.
독도는 동도와 서도 그리고 주변의 크고 작은 89개의 바위섬으로 이루어져 있습니다. 동도는 접안 시설, 독도등대, 독도경비대 등이 있습니다. 서도는 독도주민숙소, 선착장 등이 있습니다.

독도 가는 방법

독도에 가기 위해서는 울릉도를 꼭 거쳐야 하고 울릉도에 가기 위해서는 배를 타야 합니다. 울릉도에 가는 배는 강릉, 묵호, 후포, 포항 등에서 탈 수 있습니다. 울릉도에서 독도에 갈 때에도 배를 타야 합니다. 울릉도의 저동항이나 사동항에서 독도에 가는 배를 탈 수 있습니다. 자세한 내용은 울릉군 관광문화 홈페이지에서 확인할 수 있어요 (QR 참조).

지금부터 독도로 함께 떠나 볼까요?

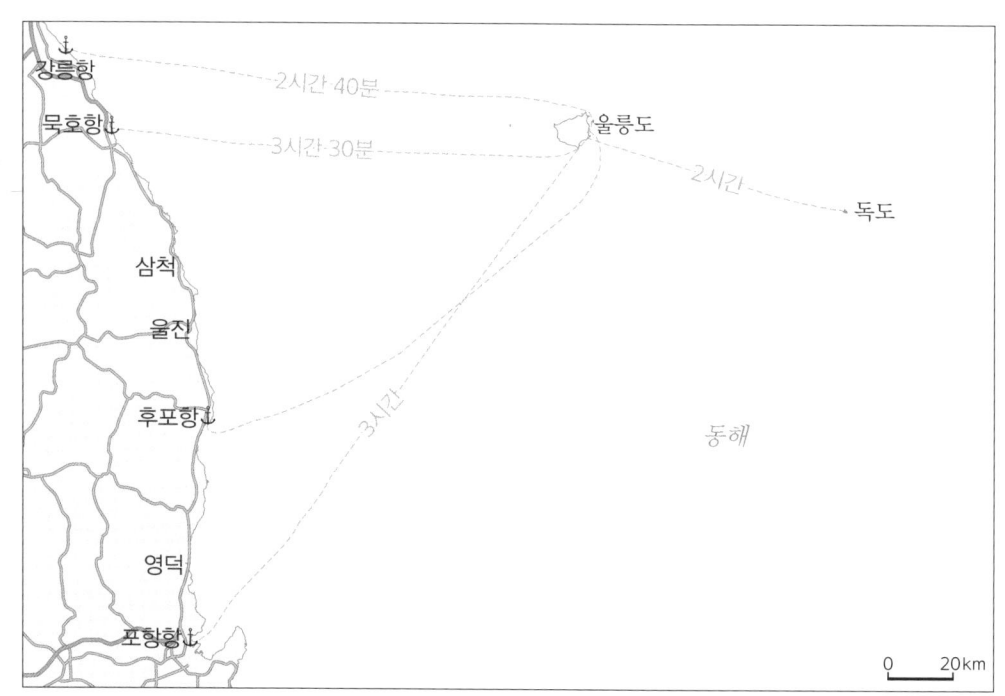

울릉도에서 배로 세 시간 정도 달리면 독도에 도착해요.
독도에는 동도와 서도 두 개의 큰 섬이 있어요.

동도에 있는 독도 선착장에 드디어 발을 내디뎠어요.
갈매기들이 우리를 반겨요.

우리나라 동쪽 끝 영토인 독도의 수리적 위치는
동경 132도, 북위 37도예요.

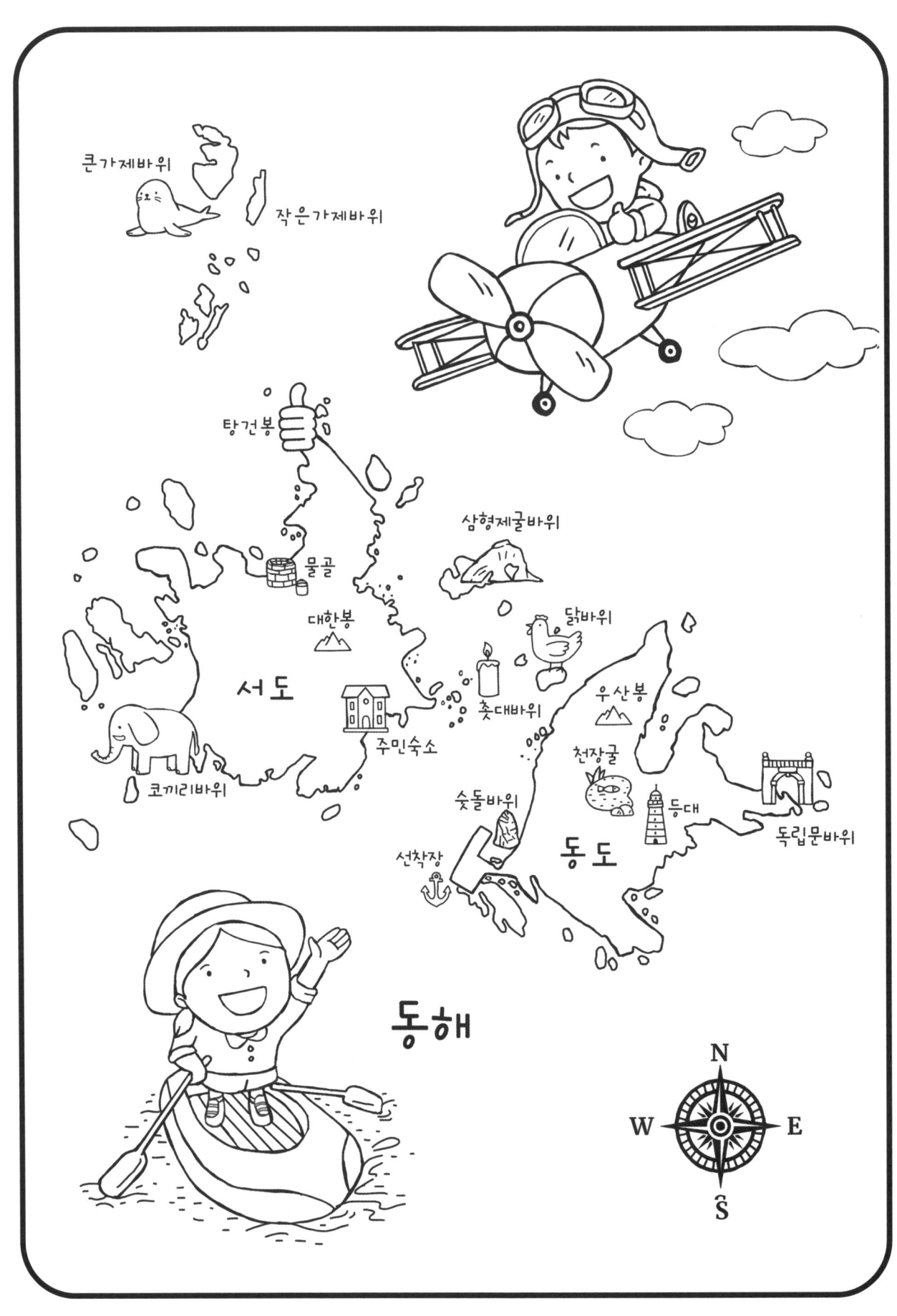

독도에는 동도와 서도 외에도 재미있는 이름이 붙은
작은 바위섬들이 많아요.

동도와 서도 사이에는 촛대를 닮은 촛대바위와
형을 따르는 두 동생의 모습을 한 삼형제굴바위가 있어요.

배를 타고 독도를 돌면 동도에서 독립문바위, 한반도바위, 얼굴바위 등을 만날 수 있어요.

서도의 한 모퉁이에는 우리 조상들이 갓 아래 받쳐 쓰던 탕건을 닮은 탕건봉이 있어요. 바다에는 코끼리바위도 보여요.

서도와 동도 사이 바다 한가운데에는 알을 품고 있는
닭 모양의 닭바위가 있어요.

독도 주변 동해에는 지금은 멸종된 바다사자 독도강치가 살았었어요.

동도의 중앙에는 정상에서 바닥까지 뚫려 있는 천장굴이 있어요.
바닥에는 파도가 침식해서 만든 해식동굴이 있어 바닷물이 드나들어요.

독도의 깊은 바닷속에는 천연자원인 해양 심층수와 메탄하이드레이트가 묻혀 있어요.

독도는 동해 깊은 바닷속에서 화산 폭발로 만들어진 화산섬이에요.

신라 시대에 이사부 장군이 우산국이었던 울릉도, 독도를
신라 영토에 편입시켰어요.

안용복은 일본에 건너가 독도가 우리 땅이라는 것을 알려주고 온 민간 외교관이에요.

독도 주변 동해에는 거대한 해산들이 숨이 있어요.

독도는 옛날부터 우산도, 석도 등 여러 가지 이름으로 불렸어요.
이름은 다르지만 모두 독도를 지칭하는 이름들이에요.

16세기 팔도총도에는 독도의 옛 이름 중 하나인 우산도가 그려져 있어요.
멀리 떨어진 독도를 우리 영토로 표시하기 위해 울릉도 안쪽에 그려 넣었어요.

독도의 해안 경계 임무는 1953년에 창설된 독도의용수비대를 이어서 독도경비대가 맡고 있어요.

독도경비대 앞 암벽에는 독도가 한국령이라는 표시가 새겨 있어요.

서도의 독도주민숙소 옆에는 정상으로 오르는 계단길인 안용복길이 있어요.

독도의 주민은 독도주민숙소에서 살고 있어요.

독도를 방문한 사람들은 독도명예주민증을 받을 수 있어요. 울릉도 독도 비즈니스센터에서 바로 받을 수 있지만 온라인 신청도 가능해요.

독도는 괭이갈매기, 진홍가슴 등 바닷새들의 번식지랍니다.
천적도 없어서 새들의 안식처가 되고 있어요.

드넓은 바다 한복판에서 위풍당당하게 뱃길을 안내하는 독도등대는
독도가 우리 영토임을 상징해요.

독도의 날은 1900년 10월 25일 대한제국 칙령 제41호를 반포하여 독도를 울릉군의 관할 구역으로 정한 것에서 유래했어요.

독도의 동도에는 헬리콥터가 뜨고 내릴 수 있는 헬기장이 있어서 위급한 상황에 대비할 수 있어요.

독도에 가려면 꼭 거쳐야 하는 울릉도에서 국내 유일의 영토 박물관인 독도박물관을 둘러봤어요.

맑은 날 울릉도의 독도일출전망대에서는 독도를 볼 수 있어요.

눈 덮인 독도의 겨울 풍경을 감상해 봐요.

우리 땅 독도에서 나라 사랑하는 마음을 다짐해 봐요.